seelen
poesie

Alexa D. Glass

alexadglass@gmail.com

Instagram: @alexadglass

3. Auflage, 2021

© 2019 Alle Rechte vorbehalten.

Klaus Graser

Hellerweg 8

74731 Walldürn

Herstellung und Verlag: BoD – Books on Demand,
Norderstedt

Coverdesign: Christin Giessel, Giessel Design,

www.giessel-design.de

alexadglass@gmail.com

Mit Illustrationen von Diana Süssenbach

www.diana-suessenbach.de

https://www.instagram.com/alexadglass/

ISBN: 9783754313237

Bibliografische Information der Deutschen Nationalbibliothek: Die Deut-
sche Nationalbibliothek verzeichnet diese Publikation in der Deutschen
Nationalbibliografie; detaillierte bibliografische Daten sind im Internet
über dnb.dnb.de abrufbar.

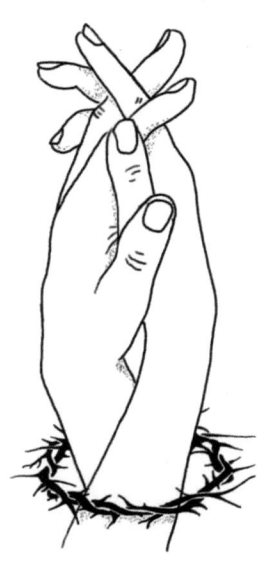

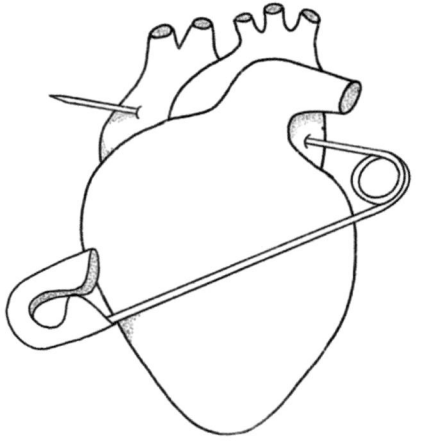

inhalt

Und ist die Poesie der Seele
nicht die schönste,
weil unsere Gedanken
die Zeilen nicht zerdenken konnten?

i c h

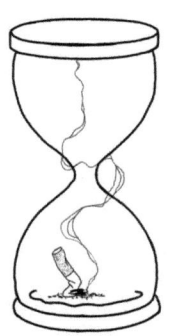

10

Existenz

Mein lyrisches Ich
verliert sich in der Melancholie
meines Daseins.

Niemals ich

Es war niemals ich,
die mit dir sprach,
es war niemals ich,
die neben dir saß.
Es war niemals ich,
die dich verließ,
und doch war es ich,
die innerlich blieb.

Leer

Eine Leere in mir,
gefüllt mit Papier,
mit Buchstaben, Seiten,
aus den traurigen Zeiten.

Eine Taubheit mich ziert,
wenn meine Seele gefriert,
bin verloren in dir,
geleitest du mich zu mir?

Eine Leere in mir,
bestehend aus dir.

Ich im Damals

Ich halte fest
am vergangenen Sein,
denn im Präsens
bist du nicht mehr mein.

Ich greife nach dir
und lasse mich fallen,
höre dein
höhnisches Lachen schallen.

Ich flehe dich an,
zeig mir wie ich war,
denn kämst du zurück,
wäre ich noch immer da.

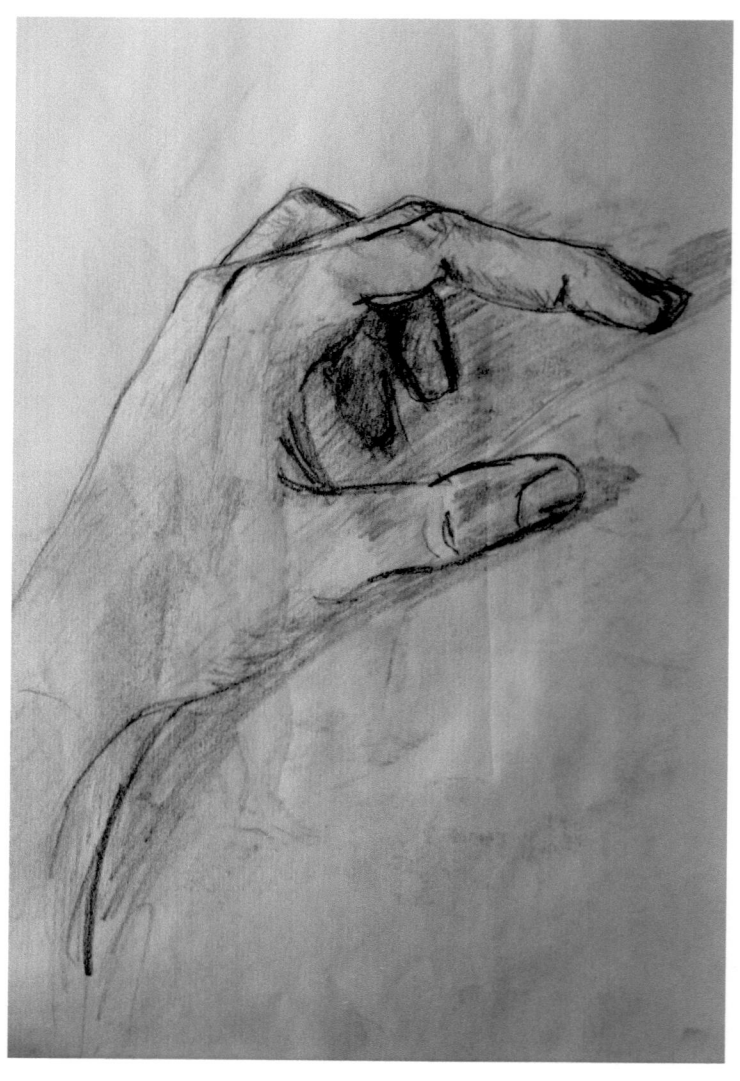

14

Fragment

Fühle mich
wie ein
Fragment
meiner selbst
das langsam
kaum merklich
in Einzelteile
zerfällt.

Fühle mich
wie ein
Ton
meiner Melodie
ganz gespielt
habe ich sie nie.

Fühle mich
wie ein
Fragment
meines Seins
bin alleine verloren
nur bei dir
bin ich eins.

d u

Charakter

Und wenn du mich zu dem machst,
was ich immer sein wollte –
bin ich dann immer noch ich?

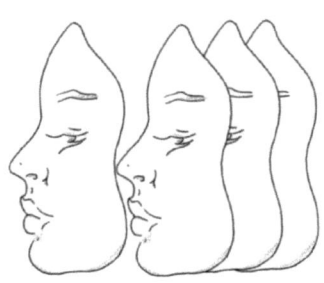

Sehnsucht

Durstig
sehe ich auf das Meer,
all die Wellen,
die es trägt,
all die Geschichten,
die bloß noch deine sind,
nicht mehr unsere.

Wundersam

Ist schon wundersam,
wie du und ich jetzt nicht mehr sind,
wie du durch die Wolken ziehst,
der Wind dich in die Arme nimmt.

Ist schon bizarr,
wie du und ich die Wellen sahen,
wie du und ich geboren waren,
in unseren zu kurzen Jahren.

Distanz

Die Schritte, die ich gehe,
auf kaltem Asphalt,
die Züge, die ich nehme,
mein Atem so kalt.

Die Gedanken, die ich berge,
sie nähren sich an mir,
jeder Kampf, den wir kämpfen,
doch nichts führt zu dir.

Befleckt

Wir sind weiße Flecken
in den Farben des Nichts,
die uns bald bedecken,
sind echt ihres Lichts,

Wir sind nicht vollkommen,
wir sind Zeichen der Zeit,
wir sind die Flecken
in kalter Ewigkeit.

Einklang

Zur Melodie der Liebe
tanzen du und ich,
halten uns fest,
zeigen
unser Gesicht.

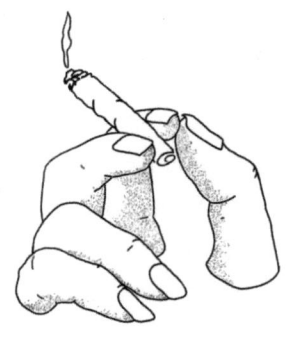

Abhängig

Du klammerst dich
an eine vage Illusion
der Unsterblichkeit
unserer Gefühle,
um nicht zu akzeptieren,
dass es längst geschah.

Du klammerst dich
an eine vage Illusion
von der Gegenseitigkeit,
auf der diese Beziehung
einst beruhte.

Du klammerst dich
an das letzte Leben zwischen uns,
um nicht zu sehen,
dass du uns nicht mehr retten kannst.

Du klammerst dich an mich,
und versuchst verzweifelt,
im Ozean der Vergänglichkeit
nicht zu versinken,
doch ertrinkst.

Egoismus

Ich brauche dein Lächeln,
um zu fühlen.

Ich brauche deine Nähe,
um zu sein.

Ich brauche deine Worte,
um zu glauben.

Ich brauche deine Stimme,
um zu hoffen.

Ich brauche dein Lächeln,
um zu träumen.

Ich brauche dich,
um zu lieben.

Worte

Tausend Worte
würden nicht genügen,
um dich aus meinen Augen
zu beschreiben.

Doch sollst du
über dich selbst sprechen,
ist da nichts
als Schweigen.

Schutzengel

Und wenn die Silhouetten der Bäume
sich im Abendrot
wie mächtige Monster
gen Himmel recken,
bist du trotzdem da,
und gibst auf mich Acht,
schaust fürsorglich
auf mich herab
und beschützt mich?

e r

Er – der Moment

Sinfonie

Denn in der Sinfonie des Lebens
besteht unsere Aufgabe darin,
die richtigen Töne
unserer Melodie zu finden,
denkst du nicht?

Moment

In Momenten der
Vergänglichkeit
suche ich nach
Unendlichkeit,
um nur noch
eine Sekunde
bei dir
zu sein.

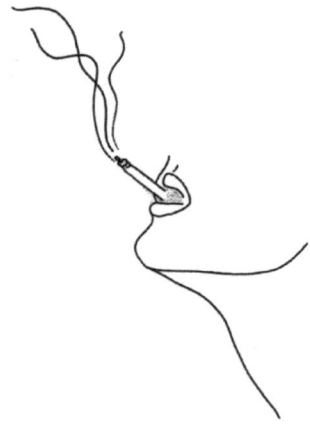

Asche

Ich spüre dich,
deine Hand auf
meinem Herzen,
doch sobald ich
versuche, nach dir zu
greifen, ist da
bloß die Asche
zwischen meinen Fingern.

Leben

Wenn stiller Kälte
Wärme weicht,
wenn lautes Lachen
uns mit sich reißt,
wenn wir uns verlieren,
Gedanken ihre Wege lassen,
wenn wir endlich leben
und uns wieder an Händen fassen.

Wenn wir uns verlieben
in Ziele und Träume,
wenn wir uns finden
niederreißen Grenzen und Zäune.

Wenn wir lieben und wenn wir sind,
wenn wir uns frei fühlen dürfen,
wie damals,
als Kind.

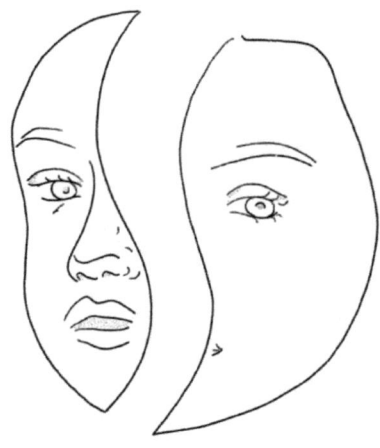

Er – der Regenbogen

Schwärze

Ich male in den Farben des Regenbogens
auf die Erde unter meinen Füßen
und sehe zu, wie jeder neue Schritt
den Grund wieder schwärzt.

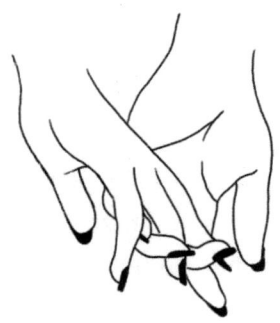

Farben des Lebens

Manchmal zeichnet sich das Leben in zu vielen Farben. Manchmal malst du es aus. Oft ist es schwarz, an anderen Tagen weiß, zwischendurch rot, grün oder blau. Und manchmal, da scheint es durchsichtig. Und das sind die schlimmsten Tage. Denn an den durchsichtigen Tagen, da ist es vorbei. In Gedanken versunken starre ich auf die Nachricht. Ich kann nicht. Ich will nicht. Ich will es nicht glauben, es nicht annehmen, nicht wahrhaben. Ich will es verdrängen, doch Verdrängung erstickt Probleme nicht, sondern lindert lediglich den Schmerz für den Bruchteil eines Moments, um ihn im nächsten Moment brennen zu lassen. Wie Feuer. Das Feuer des Lebens, das alles verschlingt, so auch dich. Einzelne Tränen kullern über meine Wange und ich wische sie nicht weg, denn genau so wenig kann ich wegwischen, was heute Realität ist. Die Hitze hier ist unerträglich, doch noch viel unerträglicher ist, dass du weg bist. Alles hier schreit nur nach dir und das, obwohl ich dich kaum kannte. Oder etwa doch?

s i e

Sie – die Erkenntnis

Einsam

Was ich dir sagen will, ist,
dass du mir die Liebe zeigst,
die ich vermisst habe,
in meiner Einsamkeit.

Chemische Poesie

Lehrt uns nicht bereits die Chemie,
mit der Einordnung des Wasserstoffs
als das kleinste Element,
dass das wirklich Wichtige im Leben
die kleinsten Dinge sind?
Und ist somit die Chemie
nicht ein kleinstes bisschen Poesie?

Prioritäten

So vieles falsch.
So wenig aufrichtig.
Freundschaften aus Pragmatismus.
Und Gefühle unwichtig.

Grenzen

Denn würden keine Grenzen existieren,
gäbe es auch keinen Wert.

40

Du

Du. Du bist dieser kleine Fels in der Brandung, dieses kleine bisschen Ehrlichkeit in meinem winzigen Universum, dieser Mensch, der schon viel zu lange an meiner Seite ist, ohne dass er je die Schönheit von ihm gewidmeter Poesie erfahren durfte. Du, du stehst hinter mir, setzt dich für mich ein und du, du bekamst nie ein Gedicht, weil ich Angst habe, dass Worte nicht reichen, um auszudrücken, was ich formulieren möchte. Dass Worte nicht gut genug sind. Du, du bist ein Mensch, auf den ich mich verlassen kann, du hast mir gezeigt, was eine eigene Meinung verändern kann. Du, du glaubst an dich und an mich und an uns und du, du bist wohl das, was ich brauche.

Sie – die Angst

Futur I

Wenn wir zerdenken,
was passiert,
und vergessen,
den Moment zu leben.
Wenn wir zerschreiben,
was wir fühlen,
und vergessen,
die Sekunden zu genießen.

Futur II

Und manchmal haben wir mehr Angst davor,
wie es beginnt,
als wie es endet.
Und manchmal wünschen wir uns,
es hätte nie begonnen,
damit es nie sein Ende findet.

.

Futur III

Angst vor der Vergangenheit,
doch wage es nicht,
in die Zukunft zu sehen.

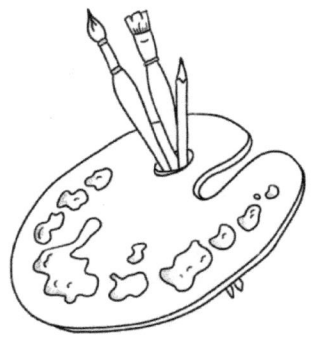

Sie – die Liebe

Kunst

Und während wir die Liebe suchend
uns selbst in Wellen der Hoffnung verlieren,
ist das Einzige, was bleibt, die Kunst.

Zeichnen

Gedichte über die Liebe,
weil sie die fragilste Skizze
in der Zeichnung des Lebens ist.

Unikat

Bleibst du stehen,
werd´ ich nicht gehen.
Denn ich hab´ selten im System
was Besonderes wie dich gesehen.

Zeilen der Liebe

Wer Lyrik findet,
wo er Liebe sucht,
wird nach und nach lesen,
was er wirklich braucht.

Wahrnehmung

Manche fürchten sich davor,
allein zu sein.
Doch in Wahrheit ist man nie allein,
in Wahrheit kann man nur die Liebe,
die einem entgegengebracht wird,
nicht annehmen,
weil man denkt,
dass man sie nicht verdient.

Brandungsfelsen

Und wenn wütende Wellen
dich mit brausenden Böen
in den Abgrund reißen wollen,
halt dich an mir fest
und ich werde da sein.

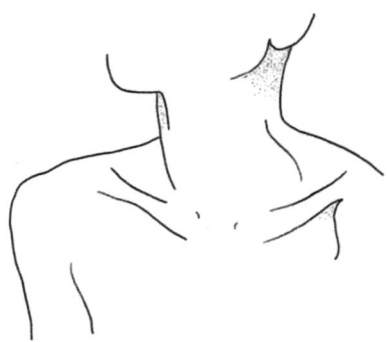

Sie – die Ethik

Naturethik

Wir sind Menschen,
alle frei,
wir sind Fragmente,
doch keines ist gleich.

Wir sind Geschichten,
entsprungen aus Glück,
führt man unsere Existenz
auf Auserwähltheit zurück.

Wir sind Poeten,
können alles sein,
doch dürfen wir,
was wir können,
wenn wir nur bestimmt sind
zu sein?

e s

Es – das Leben

Trauertränen

Und so weinte
meine Seele
den Rest deines Lebens
aus sich heraus.

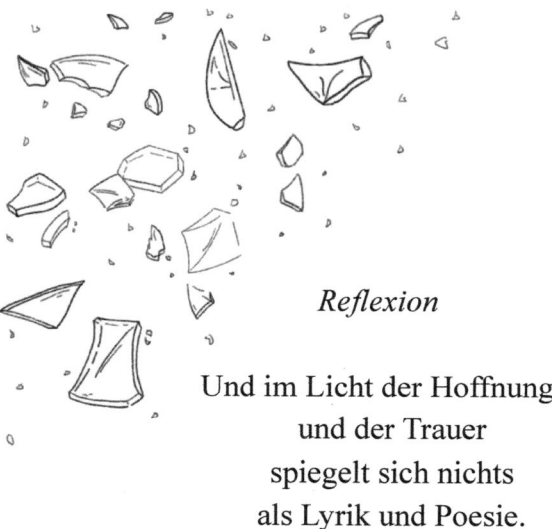

Reflexion

Und im Licht der Hoffnung
und der Trauer
spiegelt sich nichts
als Lyrik und Poesie.

Perlen

Wir sind die Perlen,
die von der Oberflächlichkeit des Lebens
auf den Grund dessen sanken,
um sich selbst zu entdecken.

Zeiger

Die Zeiger zeigen wie die Zeit vergeht
und dennoch leben wir Stillstand.

Verfall

Wo Leben endet
und Verfall beginnt
finden wir wahre Schönheit
im einfachen Sein.

Es – das Schauspiel

Spiel

Woran merkst du, dass du mit einem Menschen
spielst? Daran, wie du ihm in die Augen siehst?
Daran, wie du seine Gefühle gleich den deinen
missbrauchst, oder aber daran, wie du ihm dem
wertvollen Geschenk, seiner Zeit, beraubst?
Merkst du es, wenn du über ihn denkst und
sprichst, oder bist du ehrlich, merkst du es nicht?
Merkst du es, wenn du ehrlich zu dir selbst bist,
oder ist da dieses Gewissen, das dich innerlich
zerfrisst?
Merkst du, dass du mit diesem Menschen ein
Schauspiel führst, wenn andere zerfallen, zu
Asche und Schutt, geh'n so wie du an deiner
Existenz kaputt?
Wann merkst du, dass du mit einem Menschen
spielst?
Sprichst du von Wahrheit, so merkst du es nie.

w i r

Wir – im Einklang

Ein „Wir"

Wir tanzen
wie zarte Eiskristalle
zur Melodie
des Lebens.
In den verschiedensten Formen
doch alle eiskalt.

„Uns geht´s ja noch gold."

Das Leben ist kein Wunschkonzert, nein, für dich ist es ein Vergleich. Ein Text, vollgepackt mit erlesenen Stilmitteln, von den einen mehr, von den anderen weniger. Es ist die Literatur und verkörpert sie in ihrer vollen Ausdehnung, zeigt Epochen wie die Romantik, und in der Romantik geht´s uns ja noch gold, bis wir in der Politik stranden und durch neue Sachlichkeit zurück in die Realität geholt werden. In einen grauen Schwarzweißfilm, in dem Frühstückseier nicht gold-braun und bittersüße Tränen keine Periphrase für den Schmerz der Sehnsucht nach einer geliebten Person sind, weil die dazu nötige geliebte Person es nicht für nötig hält, zu existieren.

In deiner Vorstellung vom Leben sind wir die übergeordneten Teile einer Hypotaxe, und gesellschaftlich gesehen sind wir die Privilegierten und auch ich kann und will nicht leugnen, dass unser Leben um einiges komfortabler ist als das von so manch anderen, aber auch übergeordnete Satzteile sprechen von Tod und Verderben, von Krankheit und Problem.

Doch auch wenn du in Hypotaxen zu denken scheinst, so sprichst du in Parataxen und Asyndeta, ohne Punkt und Komma und vor allem ohne Halt.

Während ich dir dabei zusehe, weinst du.

„Und uns geht´s ja noch gold", fügst du deiner Ausführung hinzu – deiner Ausführung über dein Leben, deine Sorgen, deine alltäglichen Alltagsprobleme eines durchschnittlichen Menschen in einem durchschnittlichen Umfeld in einer durchschnittlichen Welt. „Bei uns ist das Leben noch in Ordnung."

Ich ziehe eine Augenbraue hoch, lasse deine vorangegangenen Schilderungen vor meinem inneren Ohr Revue passieren und gebe schnippisch zurück: „Na, wenn das deine Definition von gut ist – wieso findest du nichts Gutes in deinem Leben selbst?"

„Im Vergleich", erklärst du dich hastig, ein weiteres Stilmittel in den Topf des Lebens werfend, willst wohl, dass ich dich gut verstehe, nein, besser als die anderen es tun.

Denn für mich ist das Leben zwar eine Correctio, in der man andauernd nach Optimierung strebt, aber für dich bildet es noch immer einen Vergleich. Denn metaphorisch geht´s uns ja gut, geht´s uns ja noch gold, doch wenn man dein Gesprochenes, Gedachtes, von der Bildebene auf den Boden der Tatsachen holt, die ganzen Stilmittel, von Euphemismen über Metaphern über Metonymien weglässt, dann ist das Leben eben nicht mehr ganz so goldig und nein, das ist es auch hier nicht, hier, wo wir es doch alle so gold-gelb-gut haben, im Vergleich.

Bedeutung

Nimm mich an der Hand
und ich führe dich
aus deiner großen
Unendlichkeit
in meine kleine
Vergänglichkeit
und zeige dir,
wie viel Momente
doch bedeuten können.

Wir – im Fall

Wir

»Wo sind wir hin?«, frage ich mich in meinem dunklen Ozean des Vergessens treibend. Ich versuche, dich aus meinem Kopf zu treiben, hetze Wellen gegen dich, sage mir, dass es auch ohne dich geht und merke, wie ich mich selbst belüge und betrüge. Doch das Wir ist längst zwischen dir und mir ertrunken. Ich schaue dich an, wie du in einen dicken Wintermantel aus Fassade, der dich vor dem Peitschen der Worten schützt, eingemummt vor mir stehst, wie der Wind des Verzeihens durch deine Haare pfeift und das letzte Stückchen Luft zwischen uns, das wir waren, verweht. Ich sehe dich an, wie du andere Menschen in dein Leben lässt und frage mich, ob euer Ihr auch zwischen dir und ihnen wie Staub zerfällt. Ich sehe, wie du lebst, wie du lachst, sehe, wie glücklich du bist und frage mich, ob das letzte Stückchen Wir in deinen Augen ertrank, so wie ich.

Tinte des Lebens

Und die Erinnerungen an dich verblassen wie
Tinte des Gedichts, das ich dir widmete.

Zwischen uns

Du sprichst von alten Zeiten.
Damals, da existierte
zwischen dir und mir
tatsächlich noch etwas wie ein
»Wir«.

Wir – im Schatten

Tiefe des Lebens

Wir – im Schatten des Todes,
im Schatten der Liebe,
im Schatten der Menschlichkeit,
wenn diese doch bliebe.
Wir – im großen Lichtermeer,
schauen tausendmal umher,
finden keine Menschlichkeit,
vergeuden damit unsere Zeit.

Präsens

Wir leben, während
Erinnerungen
zwischen
Gegenwart
und
Zukunft
verwischen.

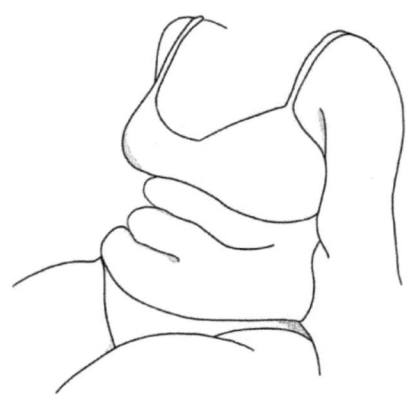

Halt

Und wenn ich mich an dich klammere,
um mich nicht
in mir selbst zu verlieren,
hältst du mich dann fest?

Sein

Wir verloren uns im Schatten
unserer Seelen,
während wir nach dem Licht
unserer Leben strebten.

Genug

Wenn wir Trauer spüren, wo einst Liebe weilte
und wenn wir Tränen vergießen
über Menschen,
die einst Wunden heilten.

Wenn wir ersticken in dem,
was wir sein wollen,
um nicht verurteilt zu werden
für unser wahres Ich,
und wenn wir die Menschen,
die uns verurteilen,
Freunde nennen sollten,
was bedeutet Freundschaft dann für dich?

Wenn wir immer nur dazugehören müssen,
wir unsere eigenen Strukturen vermissen,
wenn wir Trauer als keine Phase mehr sehen
und uns dennoch nichts
als das Glücklich sein eingestehen,

sind wir dann endlich gut genug?

i h r

Blicke

Denn ihr seht das Licht,
wo ich nur den Schatten erkenne.
Ihr findet Hoffnung,
wo ich Pessimistin bin.

Interpretation

Doch versteht ihr mich,
wenn ich schweige,
während mein Herz erzählt?
Versteht ihr mich,
wenn mein Herzschlag der einzige Ton ist,
den ich von mir gebe?

s i e

Sie – Die Farben

Die Farben des Nichts

Wenn die Farben des Nichts
dich langsam verschlingen,

und den Wellen des Lebens
der Stillstand weicht,

wenn tödliche Klänge
an den Abgrund dich treiben,

ist sie vorbei, deine wertvolle Zeit.

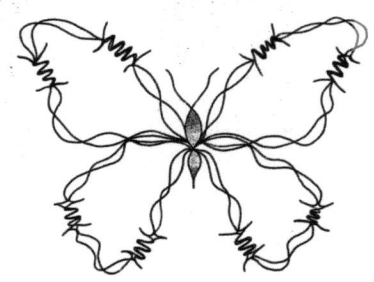

Sie – die Gedanken

Textgedanken

Deine eisigen Augen durchbohren meine innere Leere und scheinen in mir nach der Tiefe zu suchen, die ich laut dir verloren habe. Nun, um genau zu sein, bin ich in ihr ertrunken.

»Früher warst du nie so oberflächlich«, sagst du und musterst mich von oben bis unten. »Nie so still.«

Ich schlucke und überlege. Ja, früher war ich anders.

Und wie ich in deine Augen schaue, wird mir bewusst, was sich verändert hat.

Es hat mich zermürbt,

langsam,

immer schneller,

hat einen Teil meines Lebens mit sich genommen, hat mich zu einem anderen Menschen gemacht.

Hat mir Vertraute genommen,

Sichtweisen gegeben, alltägliche Dinge zur Hölle gemacht und alte Ängste, Fragen und Themen wieder hochgeholt.

Und ich möchte es dir erklären.

Ich bin unsicher geworden und die Schutzmauern, die ich mir irgendwie erbaut hatte, fielen wie eine Reihe Dominosteine um.

Ich war doch die Furchtlose, sagst du, die, mit der man reden konnte. Diejenige ohne Probleme und wenn ich mal welche hatte, doch die, die sich trotzdem um die anderen gekümmert hat. Und ja, das war ich mal, aber auch ich habe Angst und die hatte ich schon immer. Habe Angst vor der Vergangenheit und wage es nicht, in die Zukunft zu schauen, Angst vor dir und deinen Reaktionen auf meine Geschichten, Angst, allein zu sein, habe Angst zu viel zu sagen und gleichzeitig das Gefühl, verschlossen zu sein. Ich habe Angst im Dunkeln und fürchte mich vor den Monstern unter meinem Bett, die doch eigentlich in meinen Gedanken leben, Angst vor meiner inneren Tiefe, kurz: Ich habe Angst vor mir selbst und Angst vor dem Leben. Doch du hast das nie gesehen, weil ich es nie gezeigt habe, hast dich auf dich selbst konzentriert und gedacht, bei mir wird schon alles laufen.

Aber wenn ich in deine Augen schaue, wird mir klar, was sich verändert hat.

Es hat mich zerrissen,

langsam,

immer schneller,

hat einen Teil meines Lebens mit sich genommen, hat mich zu einem anderen Menschen gemacht.

Hat mir Vertraute genommen,

Sichtweisen gegeben, alltägliche Dinge zur Hölle gemacht und alte Ängste, Fragen und Themen wieder hergeholt.

Ich weiß, dass ich Angst vor der Vergangenheit habe, und mich trotzdem nicht traue, in die Zukunft zu schauen. Ein Gegensatz wie Licht und Schatten, und doch ein Zustand, in dem es sich leben lässt, wenn man denn muss. Es ist viel passiert, und ich habe nach all dem Hoffnung. Das letzte Jahr sollte das beste meines Lebens werden, ein Neustart, ich wollte rausgehen, mich neue Dinge trauen, wollte mich verbessern in dem was ich liebe, wollte mehr zu mir selbst finden und dennoch die anderen nicht vergessen, wollte auch mal für mich selbst da sein und wollte alles hinter mir lassen und irgendwie wurde irgendwann alles viel schlimmer als gedacht und meine Gedanken haben mir das Jahr nahezu zur Hölle gemacht, ich habe geweint und gelacht, sicher auch an dich gedacht, hab mich einfach demaskiert und neue Dinge ausprobiert und ich weiß, vielleicht sieht es für dich nicht aus wie eine gute Sache aber vertrau mir wenn ich sage, dass ich grade was mir Spaß macht mache, ich hab gelernt zu lachen und zu

singen und einfach frei zu sein, und auf Erfolge
wie diese darf man wahrlich wirklich stolz sein.

Und wie ich so in deine Augen schaue, wird mir
klar, was sich verändert hat.

Es hat mich zuerst zerrissen,

langsam,

immer schneller,

einen Teil meines Lebens mit sich genommen
und mir dafür einen neuen gegeben, mich zu einem
besseren Menschen gemacht.

Es hat mir Vertraute genommen und dafür neue
gebracht,
Sichtweisen verändert und alltägliche Dinge zum
Geschenk gemacht.

Traum

Und wenn unsere Gedanken
uns erzählen,
von Dingen, die niemals existierten,
wenn unsere Herzen
von Wünschen berichten,
die niemals Realität sein werden,
wenn unser Kopf unser Leben
komplett neu erfindet,
sind wir dann gefangen
in einem Traum?

Sie – die Worte

Passieren

Und während wir mit Aneinanderreihungen
von Worten
um uns werfen,
reihen sich im Leben
Ereignisse aneinander,
die sich gelegentlich ereignen,
wenn Worte zu laut
und Gedanken zu leise sind.

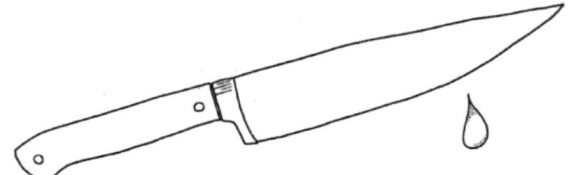

Spiele

Und obwohl Worte
ein so wertvolles Gut
auf Erden sind,
sind sie doch am schönsten,
wenn man mit ihnen spielt.

Weisheit

Denn Worte können Leben erschaffen,
oder aber beenden.
Und das beweist die Weisheit,
sie nicht zu missbrauchen.

Poesie

Und wer Worten die Gabe der
Bedeutsamkeit
verleiht,
der hat sich in der
Poesie
verirrt.

Kindertage

Während ich mit Sprache spiele,
verliere ich mich im Ernst des Lebens.
Wissend, dass ich niemals
das spielende Kind in mir
verlieren werde.

Wiedererkennung

Selbst wenn wir zwei verlorene Seelen
in der Gesellschaft waren,
fanden wir uns doch
im anderen wieder.

Ästhetik

Und wenn ich mich in dir verliere,
wie lange werden wir noch
an der Oberfläche des Lebens tanzen,
bis wir auf den Grund sinken
und unsere wahre
Ästhetik finden?

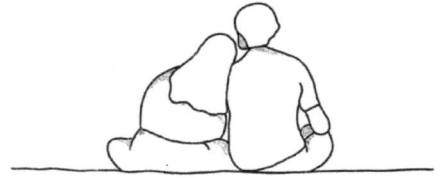

Danke

Ich möchte dir danken, Diana, für deine Bilder und deine Worte, die mich mitunter zur Poesie führten – ich wünschte, du könntest sehen, was daraus wurde, denn ich hoffe, du würdest diese Lyrik und dieses Buch so sehr lieben wie ich.

Ich möchte meiner Familie und meinen Freunden danken, für jedes Gespräch, für jeden Moment.

Um nur einige zu erwähnen, möchte ich besonders herzlich April, Rahvea, Luisa, Lisa, Sarah, Jana und Sophie danken.

Zuletzt möchte ich ein großes Danke an die Schreibcommunity von Instagram richten, besonders an all diejenigen, die ihre Zeit genommen haben, um einige Gedichte dieses Bandes zu lesen. Ihr seid unglaublich, und es ist unfassbar, wie viele talentierte und herzensgute Menschen eine Leidenschaft teilen können!

Insbesondere möchte ich Anni, Linda, Dagny, Linnea. Felicity, Anna und Jennifer von Herzen ein Dankeschön aussprechen.

Und nun noch ein herzliches »Dankeschön«, an dich, dass du Seelenpoesie eine Chance gegeben hast und dich meinen Zeilen angenommen. Es bedeutet mir unheimlich viel.

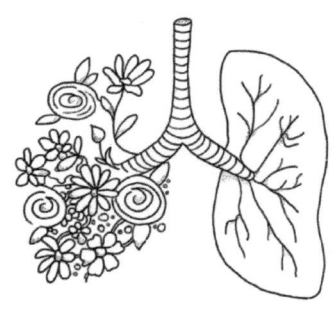

Über die Autorin

Alexa D. Glass wurde im Juni 2004 in einer Kleinstadt in Baden-Württemberg geboren, in deren Nähe sie bis heute lebt. Die Poesie begleitet sie schon lange, so veröffentlichte sie 2019 ihr Debüt „Seelenpoesie". Neben der Lyrik schreibt sie an Buchprojekten in den Genres Thriller und Fantasy, ihren Weg als Autorin teilt sie via Instagram, wo sie unter @alexadglass zu finden ist.